BEI GRIN MACHT SICH IHR WISSEN BEZAHLT

- Wir veröffentlichen Ihre Hausarbeit, Bachelor- und Masterarbeit

- Ihr eigenes eBook und Buch - weltweit in allen wichtigen Shops

- Verdienen Sie an jedem Verkauf

Jetzt bei www.GRIN.com hochladen und kostenlos publizieren

Sebastian Silnicki

Maßnahmen der Kubanischen Regierung von 1959 - 1961

GRIN Verlag

Bibliografische Information der Deutschen Nationalbibliothek:

Die Deutsche Bibliothek verzeichnet diese Publikation in der Deutschen National-
bibliografie; detaillierte bibliografische Daten sind im Internet über http://dnb.d-
nb.de/ abrufbar.

Dieses Werk sowie alle darin enthaltenen einzelnen Beiträge und Abbildungen
sind urheberrechtlich geschützt. Jede Verwertung, die nicht ausdrücklich vom
Urheberrechtsschutz zugelassen ist, bedarf der vorherigen Zustimmung des Verla-
ges. Das gilt insbesondere für Vervielfältigungen, Bearbeitungen, Übersetzungen,
Mikroverfilmungen, Auswertungen durch Datenbanken und für die Einspeicherung
und Verarbeitung in elektronische Systeme. Alle Rechte, auch die des auszugsweisen
Nachdrucks, der fotomechanischen Wiedergabe (einschließlich Mikrokopie) sowie
der Auswertung durch Datenbanken oder ähnliche Einrichtungen, vorbehalten.

Impressum:

Copyright © 2009 GRIN Verlag GmbH
Druck und Bindung: Books on Demand GmbH, Norderstedt Germany
ISBN: 978-3-640-88398-1

GRIN - Your knowledge has value

Der GRIN Verlag publiziert seit 1998 wissenschaftliche Arbeiten von Studenten, Hochschullehrern und anderen Akademikern als eBook und gedrucktes Buch. Die Verlagswebsite www.grin.com ist die ideale Plattform zur Veröffentlichung von Hausarbeiten, Abschlussarbeiten, wissenschaftlichen Aufsätzen, Dissertationen und Fachbüchern.

Besuchen Sie uns im Internet:

http://www.grin.com/

http://www.facebook.com/grincom

http://www.twitter.com/grin_com

Gliederung

1. Einleitung

In den Jahren von 1959 – 1961 lassen sich aus der Sicht der kubanischen Regierung zwei Dinge beobachten: Erstens eine Annäherung an die Sowjetunion und damit einhergehend eine Verschlechterung der Beziehungen zu den USA.

Zweitens die Sicherung des Rückhalts großer Teile der Bevölkerung bei einem gleichzeitig zu beobachtenden Bruch mit einem Teil der kubanischen Gesellschaft. Die kubanische Regierung bzw. deren Maßnahmen polarisierten also national sowie international.

Dies wirft folgende Fragen auf: Welche Maßnahmen der Regierung führten zu dieser Polarisierung? War sie vermeidbar? Und welche Folgen hatte sie?

Zur Beantwortung dieser Fragen soll zunächst beschrieben werden, was zur internationalen Polarisierung gegenüber Kuba führte. Dazu soll die Entwicklung der Beziehung Kubas zu den Vereinigten Staaten und der Sowjetunion aufgezeigt werden. Danach soll gezeigt werden, wie es zur nationalen Polarisierung, also zur Spaltung der Gesellschaft kam. Zuletzt soll beschrieben werden, welche Folgen diese Entwicklung hatte.

Den zeitlichen Rahmen bilden zum einen der Sieg der kubanischen Revolution vom 1. Januar 1959, zum anderen das Bekenntnis Castros zum Marxismus-Leninismus im Dezember 1961, da ab diesem Zeitpunkt die ideologische Entwicklung Kubas abgeschlossen war, und somit auch national wie international die Annäherungs- bzw. Ablehnungsphase als abgeschlossen betrachtet werden kann.

2. Hauptteil

2.1 Internationale Polarisierung

2.1.1 Bestrafung von Mitgliedern des Batista Regimes und erster Streit mit den USA

Die erste Handlung der Regierung nach dem Sieg der Revolution war der Beginn der Bestrafung von Mitgliedern des Staatsapparates von Diktator Batista. (Ramonet: Fidel Castro Mein Leben, 2008, S.265) Dieser wurde an Neujahr 1959 von den Rebellen um Fidel Castro gestürzt. (Ramonet, S.730)

Die Rebellen hatten diese Maßnahme schon gegen Ende des Krieges über einen Radiosender angekündigt. (Ramonet, S.242) Diese Ankündigung ist laut Meinung Fidel Castro, ab Februar 1959 Premierminister Kubas (Ramonet, S.730) der Grund dafür, dass es nach dem Sieg der Revolution, im Gegensatz zu anderen Revolutionen, nicht zu Lynchjustiz und persönlichen Rachefeldzügen kam. (Ramonet, S.243) In der Tat weist vieles darauf hin, denn der Hass der Bevölkerung auf die ehemaligen Machthaber und deren Schergen war sehr groß. Während Batistas Herrschaft kam es zu extremen Grausamkeiten gegenüber der Bevölkerung. Unter seiner Amtszeit von 1952 – 1958 wurden zwischen 6.000 und 20.000 Menschen ermordet. (Volker Skierka: Fidel Castro, 2001, S.94) Die Bestrafungen hatten also durchaus eine Berechtigung.

Den meisten Verurteilungen ging ein fairer Prozess voraus, mit Verteidiger, Ankläger, Zeugen und unter Zulassung der Öffentlichkeit. (Jon Lee Anderson: Che Die Biographie, 2007, S.332) Jedoch kam es auch immer wieder zu willkürlichen Exekutionen: Aus Santiago de Cuba beispielsweise berichtet der damalige US-Botschafter Philip W. Bonsal, dass am 5. Januar *„(...) ohne auch nur den Schein eines ordentlichen Prozesses 70 Gefangene von Soldaten der Rebellen unter dem Kommando von Raùl Castro niedergemäht (...)"* wurden. (Skierka, S.104) In einem vollbesetzten Sportzentrum in Havanna wurden nach einem Schauprozess einige ehemalige Batista Offiziere hingerichtet. (Ramonet, S.244) Diese Hinrichtungen ohne vorherigen ordentlichen Prozess, schadeten dem internationalen Ansehen der neuen Regierung erheblich. Insbesondere die USA, die das Batista Regime wirtschaftlich, politisch und militärisch unterstützt hatte (Skierka, S.96 und S.122), forderten nun Humanität und Nachsicht ein. (Skierka, S.104) Die Hinrichtungen führten also zu den ersten Verwerfungen zwischen Kuba und den USA nach der Revolution. Als Fidel Castro im April 1959 die USA besuchte, wurden die Hinrichtungen immer wieder zum Stein des Anstoßes. (Anderson, S.356) Um die Wogen zu glätten, wurden diese schließlich am 28. April 1959 eingestellt. (Anderson, S. 355) Der internationale Ruf der neuen Regierung hatte bis dahin aber bereits sehr gelitten.[1] Insgesamt wurden nach Castros Angaben 550, nach anderen Angaben 1900 Menschen hingerichtet. (Skierka, S.105)

Trotz der berechtigten internationalen Kritik zu den Schauprozessen und der hohen Zahl der Opfer, zeigten sich neutrale Beobachter, wie der „New York Times" Korrespondent Tad Szulc insgesamt erstaunt von der Gewaltlosigkeit der Revolution. Zu der Kritik eines amerikanischen Politikers an kubanischen Blutbädern schrieb er: *„Die kubanischen Revolutionstribunale boten keinerlei Vergleich zu den wirklichen Blutbädern, die auf die sozialen Revolutionen Mexikos, Russlands und Chinas im zwanzigsten Jahrhundert folgten ... Es ist ziemlich beachtlich, dass die zur Gewalt neigenden Kubaner so gewaltlos blieben."* (Skierka, 105) Kritisiert werden kann außerdem, dass ausgerechnet die Staaten die die Verbrechen Batistas ohne Kritik geduldet oder wie die USA sogar massiv unterstützt hatten, nun Humanität einklagten.

---

[1] Eine nationale Polarisierung zu diesem Thema blieb übrigens weitestgehend aus: Nach damals landesweit durchgeführten Umfragen standen 93% der Bevölkerung hinter den verhängten Strafen. (Skierka, S.106)

2.1.2 Enteignungspolitik und der endgültige Bruch mit den USA

Nachdem die Bestrafungen von Mitgliedern des Batista Regimes erste Streitigkeiten zwischen Kuba und den USA zur Folge hatten, führte die kurz darauf einsetzende Enteignungspolitik der kubanischen Regierung zum endgültigen Bruch mit den USA.

Die ersten Enteignungen fanden im Zuge einer Agrarreform statt, welche am 17. Mai 1959 erlassen wurde. (Fernando Mires: Kuba: Die Revolution ist keine Insel, 1978, S.92) Diese war die zentrale und einschneidendste Maßnahme im ersten Jahr nach der Revolution. Die Reform sah vor, dass privater Landbesitz nicht 402,6 Hektar übersteigen darf. (Mires, S.92) Die Nutzung bis max. 1342 Hektar war unter der Voraussetzung erlaubt, dass der Ertrag der Länderei den nationalen Durchschnitt um 50 % überschritt. (Mires, S.92) Bis Ende 1959 wurden schließlich über eine Million Hektar Land beschlagnahmt. (Skierka, S.110)

Erklärtes Ziel der Reform war die Beseitigung des Großgrundbesitzes (ca. 4000 Eigentümer besaßen beinahe die Hälfte des nationalen Territoriums (Mires S.92)), sowie die Ausweitung der landwirtschaftlich genutzten Fläche (nur 22 % der landwirtschaftlich nutzbaren Fläche Kubas war kultiviert (Skierka, S.110)) und damit einhergehend eine Verbesserung der Ernährungs- und Wirtschaftslage der Bevölkerung. Zudem sollte durch die teilweise Enteignung ausländischer Gutsbesitzer, die in Kuba sehr mächtig waren, (75 % der landwirtschaftlich genutzten Flächen wurden von US-Produzenten kontrolliert (Skierka, S.110)) der Transfer von Betriebsvermögen ins Ausland verringert werden, um mehr Geld im Land zu behalten. Es gab also zahlreiche Argumente, jenseits ideologischer Betrachtungsweisen, die die Agrarreform rechtfertigten.

Diese konnte zudem als eher gemäßigt gesehen werden. So war sie keine Erfindung der neuen Regierung, sondern knüpfte an eine bereits 1940 ausgearbeitete, aber nie umgesetzte Verfassungsbestimmung an. (Skierka, S.108) In Europa gelten die in Kuba damals erlaubten 402,6 Hektar als Großgrundbesitz, außerdem lag diese Zahl weit über den in anderen lateinamerikanischen Ländern nach sozialen Revolutionen zugelassenen Höchstgrenzen (wie z.B. Mexiko oder Bolivien). (Mires, S.93) Trotzdem war die Reform der entscheidende Auslöser für den Bruch mit den USA. Laut Fidel Castro hatte dies folgenden Grund: „ *Das Problem war, dass das erste Gesetz für die Agrarreform, egal wie radikal oder nicht es ausfallen würde, absolut inakzeptabel war für ein Land, dessen*

Unternehmen die besten Ländereien für den Zuckerrohranbau in Kuba besaßen." (Ramonet, S.269) In der Tat befand sich vor der Reform 75 % der in Kuba landwirtschaftlich nutzbaren Fläche unter der Kontrolle von US-Produzenten. (Skierka, S.110) Diese übten Druck auf die amerikanische Regierung aus. So wendete sich das State Department in einer offiziellen Note an die kubanische Regierung in der sie auf einer sofortigen und angemessenen Entschädigung für die enteigneten Flächen bestand. (Skierka, S.111) Den US-amerikanischen Unternehmen wurden zwar Entschädigungen zugesichert, doch diese sollten nicht sofort, sondern über einen Zeitraum von 20 Jahren gezahlt werden, bei einer jährlichen Verzinsung von 4,5 %. (Skierka, S.109) Außerdem sollte sich die Höhe der Kompensation an den bei den Finanzbehörden eingetragenen Verkehrswert richten. Dieser war aber in den Jahren zuvor von den Eigentümern stets viel zu niedrig angegeben worden, um weniger Steuern zahlen zu müssen. (Skierka, S.109) Den Wert den die Eigentümer für ihre Betriebe angegeben hatten, um den kubanischen Staat zu betrügen, erschien ihnen jetzt aber nicht mehr als angemessen. Kuba und die USA konnten sich also, was die Entschädigungen anging, nicht einigen. Dies hatte zur Folge, dass sich der Streit der beiden Länder immer weiter zuspitzte: Als sich die Raffinerien der US-amerikanischen Ölkonzerne auf Druck der amerikanischen Regierung der Weiterverarbeitung von kubanischen Ölimporten widersetzten, wurden diese unter kubanische Regierungskontrolle gestellt. (Skierka, S.127) Kurz darauf, am 6. Juli 1960, verabschiedeten die USA ein Gesetz, das den Import kubanischen Zuckers verbot. (Ramonet, S.731) Dies bedeutete einen schweren Schlag für die kubanische Wirtschaft, da deren Basis der Zucker war und die USA bis dahin einen Großteil der jährlichen Ernte aufkaufte. (Anderson, S.362) Im Jahr 1959 betrug diese Menge 3 Millionen Tonnen, (Anderson, S.362) für die nun plötzlich neue Abnehmer gefunden werden mussten. Als Reaktion auf diese Maßnahme enteignete die kubanische Regierung im August 1960 weitere amerikanische Betriebe, was im Januar 1961 zum Abbruch der diplomatischen Beziehungen zwischen den beiden Staaten führte. (Daniel Hitzing: Kuba zwischen Ost und West – zur Notwendigkeit der Annäherung Kubas an die Sowjetunion in den Jahren 1959 bis 1961, o.J. S. 7 und S. 4) Im Februar 1962 verhängte die USA schließlich ein totales Wirtschaftsembargo gegen Kuba, mit dem Ziel das Land wirtschaftlich zu isolieren. Das Embargo besteht bis heute. (Ramonet, S. 732)

2.1.3 Annäherung an die Sowjetunion und ideologische Radikalisierung

Einhergehend mit der Verschlechterung der kubanisch-amerikanischen Beziehungen, lässt sich eine Annäherung Kubas an die Sowjetunion beobachten.

So wurden im Mai 1960 die diplomatischen Beziehungen zwischen Kuba und der Sowjetunion wiederaufgenommen, welche im Jahre 1952 unter Diktator Batista abgebrochen worden waren. (Ramonet, S.731) Bereits im Februar 1960, also zu einer Zeit, als sich der Bruch zwischen Kuba und den USA bereits abzeichnete, besuchte der sowjetische Außenministers Mikojan Kuba. (Hitzing, S.11) Im Zuge dieses Besuches kam es zur ersten bedeutenden Vereinbarung zwischen den beiden Staaten, welche die Sowjetunion verpflichtete, Kuba bis zum Jahr 1964 jährlich eine Menge von einer Million Tonnen Zucker abzunehmen. (Hitzing, S.11) Diese Menge wurde noch einmal um 700.000 Tonnen erhöht, als die USA ihre Zuckerquote für Kuba strichen. (Hitzing, S.11) Des weiteren erklärte sich die Sowjetunion bereit, Entwicklungshilfe zu leisten: Sie gewährte Kuba einen niedrig verzinsten Kredit von 100 Millionen US-Dollar und entsendete Fachkräfte, die Kuba bei der ökonomischen Gestaltung des Landes unterstützen sollten. (Hitzing, S.11) Im Juli 1960 verständigten sich die beiden Staaten über Waffenlieferungen nach Kuba, (Hitzing, S.8) welche beim Rückschlag der Invasion in der Schweinebucht, die später noch genauer beschrieben wird, eine wichtige Rolle spielen sollten. Im Laufe der Jahre folgten zahlreiche weitere Abkommen, sodass der Warenaustausch zwischen den Jahren 1960 und 1962 von 170 Millionen Dollar auf 750 Millionen Dollar stieg. (Hitzing, S.11)

Auch politisch-ideologisch kam es zu einer Annäherung der beiden Staaten. Die Sowjetunion, die sich 1959 gegenüber der neuen kubanischen Regierung zunächst abwartend verhalten hatte, wurde im Sommer 1960 zur Schutzmacht der kubanischen Revolution. So sicherte der damalige Partei- und Staatschef Nikita Chrustschow am 9. Juli 1960 Kuba im Falle einer amerikanischen Intervention militärische Unterstützung zu. (Hitzing, S. 8) Nach der Invasion in der Schweinebucht, vertiefte sich die kubanisch-sowjetische Partnerschaft noch einmal. (Hitzing, S.9) Dies lässt sich mit der voranschreitenden Hinwendung Fidel Castros zur Ideologie der Sowjetunion erklären. So rief er auf einer Großkundgebung zum 1. Mai 1961 Kuba erstmals offiziell zum sozialistischen Staat aus. (Skierka, S.153) Im Dezember 1961 erfolgte schließlich die Proklamation des marxistisch-leninistischen Charakters der Revolution mit den Worten Fidel Castros: *„Heute ist unsere Revolution nicht nur de facto marxistisch-leninistisch, sie ist heute auch de jure und in ihrer Ideologie eine marxistisch leninistische Revolution."* (Hitzing, S. 10)

Zuvor hatte Castro eine sozialistische Ausrichtung der Revolution stets bestritten und durchgeführte Enteignungen stets als antiimperialistisch und nicht als kommunistisch bezeichnet. (Hitzing, S.9) So sagte Fidel Castro Ende Mai, kurz nachdem die Agrarreform beschlossen wurde, dass die Farbe der Revolution nicht rot, sondern olivgrün sei. (Skierka, S.103) Der Castro-Biograph Volker Skierka schreibt über die Hinwendung Kubas zum Kommunismus, die zunächst nicht zu erkennen war: *„Möglicherweise führt aber die brüske Ablehnung seiner Revolution durch das offizielle Washington ihn zu der Einsicht, dass ein nationaler Mittelkurs zwischen Kapitalismus und Kommunismus von den USA nicht toleriert werden würde, "* (Skierka, S.103) woraufhin er sich schließlich für den Kommunismus entschied. Ähnlich erklärt auch Michael Schmidt die Hinwendung Kubas zur Sowjetunion in einem im Tagesspiegel veröffentlichten Artikel: *„Ausgerechnet im Wechselspiel mit der Politik Washingtons also radikalisiert sich die kubanische Revolution von einer sozialen zu einer sozialistischen."* (vgl. Tagesspiegel Artikel: Die ewige Revolution)

Für diese Thesen spricht, dass die Agrarreform, die der entscheidende Auslöser für den Bruch zwischen Kuba und den USA war, eine eher gemäßigte Reform war, die politischen Reaktionen der USA aber Kuba in eine starke wirtschaftliche Bedrängnis brachten. Fakt ist auch, das Entwicklungshilfe seitens der USA ausblieb, (Hitzing, S.13) obwohl sich Kuba Anfang 1959 in einer desolaten wirtschaftlichen Lage befand. So stand einer Staatsverschuldung von 1,2 Milliarden Dollar eine Reserve von gerade mal einer Million Dollar gegenüber. (Anderson, S.349) Angesichts dieser Tatsachen scheint es logisch, dass sich Kuba neue Partner suchen musste, allein um wirtschaftlich bestehen zu können. Die Sowjetunion, die natürlich an Verbündeten innerhalb des Amerikanischen Kontinentes interessiert war, nutzte die Situation und wurde zum neuen Partner Kubas.

2.2 Nationale Polarisierung

2.2.1 Sicherung des Rückhalts großer Teile der Bevölkerung

Nach dem Sturz Batistas, machte es sich die neue Regierung zur Aufgabe soziale Missstände zu beseitigen und sicherte sich so den Rückhalt großer Teile der Bevölkerung. Dies soll im Folgenden beschrieben werden.

Die Wirtschaftspolitik nach der Revolution zielte darauf ab die Kaufkraft der Bevölkerung und die Popularität der neuen Regierung zu steigern. So wurden Anfang 1959 die Stromtarife, die Telefongebühren und die Mieten gesenkt. (Mires, S.102) Des weiteren wurden zwischen Januar und April desselben Jahres fast alle Arbeitsverträge neu ausgehandelt, was zu einer merklichen Erhöhung der Löhne und Gehälter führte. (Skierka, S.107) Durch die oben bereits angesprochene Agrarreform wurde außerdem der Großgrundbesitz beseitigt, was großen Teilen der ländlichen Bevölkerung zu Gute kam. So wurde das enteignete Land entweder privaten Kleinbauern übereignet, die das Land zuvor als Pächter bewirtschaftet hatten (Mires, S.95) oder in jeweils 27 Hektar große, staatliche Kooperativen umgewandelt. (Skierka, S.109) Diese Staatsfarmen hatten die vorrangige Aufgabe, die hohe Arbeitslosigkeit zu bekämpfen. (Mires, S.97) Von dieser Wirtschaftspolitik profitierten vor allem die ärmeren Schichten des Landes: Sie konnten sich besser ernähren und sich bessere Wohnungen leisten, außerdem sank die Arbeitslosigkeit. (Skierka, S.113)

Nicht nur wirtschaftlich, auch im sozialen Bereich verbesserte sich die Situation der Armen: So erhielten alle Bevölkerungsgruppen einen gleichberechtigten Zugang zu kostenloser Bildung. (Skierka, S.107) Dies ist deshalb als enormer sozialer Fortschritt zu werten, da bis zu diesem Zeitpunkt 27 % der städtischen Kinder und 61 % der Kinder vom Lande keine Schule besuchten. (Skierka, S.108) Außerdem erhielten alle Menschen Zugang zu kostenloser medizinischer Versorgung. Auch dies war ein großer Fortschritt in einem Land, in dem zuvor über ein Drittel der Landbevölkerung unter Parasitenerkrankungen litt, (Skierka, S.107 f.) die medizinische Grundversorgung also äußerst mangelhaft war. Eine weitere soziale Errungenschaft war die Beseitigung des Analphabetismus: Hierzu wurde im Januar 1961 eine aufwendige Alphabetisierungskampagne gestartet. Diese war sehr erfolgreich: Bereits im Dezember desselben Jahres wurde Kuba zum „vom Analphabetismus befreiten Territorium" erklärt. (Ramonet, S.731f.) All diese Maßnahmen führten also zu einer enormen Verbesserung der Lebensbedingungen vieler Menschen und sicherten der revolutionären Regierung damit auch eine große Unterstützung innerhalb der Bevölkerung.[2] Jedoch führten die dazu durchgeführten Maßnahmen und zunehmend anarchistische Tendenzen zum Bruch mit einem Teil der kubanischen Gesellschaft. Dies soll in folgendem Abschnitt beschrieben werden.

---

[2] Die Anstrengungen der Regierung zur Verbesserung der Gesundheitsversorgung und des Bildungssystems waren übrigens von nachhaltigem Character: So beträgt die Lebenserwartung in Kuba heute vergleichsweise hohe 77,5 Jahre. (Ramonet, S. 593) Die kostenlose Schulbildung erreicht 100% der Bevölkerung und ist auf einem hohen Niveau. (Ramonet, S.637) Die Wirtschaftspolitik hingegen zeigte keinen nachhaltigen Erfolg: So wurden ab März 1962 die Nahrungsmittel der Bevölkerung rationiert, (Ramonet, S. 733) bis heute ist das Leben in Kuba vom Fehlen alltäglicher Dinge geprägt. (vgl. Tagesspiegel Artikel: Die ewige Revolution)

2.2.2 Bruch mit Teilen der kubanischen Gesellschaft

Die oben bereits beschriebene Agrarreform führte nicht nur zum Bruch mit den USA, sondern bedeutete laut Fidel Castro auch „ (…) einen wirklichen Bruch zwischen der Revolution und den reichsten und privilegiertesten Schichten des Landes (…)" (Skierka, S.110f.) Dies erscheint logisch, da viele Personen dieser Schicht, die Großgrundbesitzer, direkt von dieser Reform betroffen waren. So starteten wohlhabende Viehzüchter eine Kampagne gegen die Reform. (Anderson, S.368) Aber auch der ursprünglich optimistische Mittelstand, der die gemäßigte Agrarreform zunächst als Schritt in die richtige Richtung eines sozialen Ausgleichs sah, begann sich von der Revolution abzuwenden. (Skierka, S.110 und 112) Dies lässt sich damit erklären, dass die Umsetzung der Reform immer mehr außer Kontrolle geriet: Das zur Umsetzung der Reform gegründete Institut INRA entwickelte eine ungesunde Eigendynamik und verstaatlichte nicht nur Ländereien sondern begann ohne jegliche Rücksprache mit der Regierung, auch mit der Nationalisierung von Industrieunternehmen. (Ramonet, S.271f.) Häufig wurden kleine Läden oder Fabriken nur deshalb beschlagnahmt, weil man die Einrichtungen für staatliche Unternehmen benötigte. (Skierka S.112) Fidel Castro selber sagt dazu: „Es gab ziemlich anarchistische Tendenzen zu dieser Zeit, mit denen nicht leicht umzugehen war. (…) Glauben Sie nicht, dass es in der ersten Zeit viel Disziplin gab." (Ramonet, S.271f.) Die Folgen dieser Willkür gegenüber dem Eigentum der Bürger beschrieb ein DDR Diplomat so: „Unter den Mittelschichten brach infolgedessen eine regelrechte Panik aus, was der Konterrevolution half." (Skierka, S. 112)

Auch mit dem im März 1959 erlassenen Immobiliengesetz, welches die Senkung der Mietpreise um 30-50 % vorsah, machte sich die Regierung nicht nur Freunde: Es unterstützte zwar Mieter und Kleinbesitzer, schadete jedoch den Immobilienbesitzern. (Mires, S.102) Später wurde das Gesetz noch einmal verschärft, wobei die Mieter in die Besitzer einer Immobilie verwandelt wurden, was einer Enteignung der Immobilienbesitzer gleichkam. (Ramonet, S.265) Die Folge dieser Politik war, dass zwischen 1960 und 1962 ca. 200.000 beruflich hoch qualifizierte Bürger, wie Selbstständige, Ärzte oder Facharbeiter das Land verließen. (Skierka, S. 128) Die meisten ließen sich in den USA nieder, viele schlossen sich einer der dort zahlreich entstehenden Oppositionsgruppen an. (Skierka, S. 128)

2.3 Folgen der Polarisierung auf die weitere Entwicklung Kubas

Die nationale und internationale Polarisierung der Revolution hatte weitreichende Folgen auf die weitere Entwicklung Kubas. Dies soll im Folgenden beschrieben werden.

Wie oben ausgeführt, schaffte sich die neue kubanische Regierung zwei Feinde: zum einen die USA, zum anderen einen Teil der kubanischen Gesellschaft. Diese beiden Feinde begannen schließlich zusammenzuarbeiten und verübten nach dem Triumph der Revolution vermehrt Sabotageakte und Anschläge auf Kuba, mit dem Ziel das Land zu destabilisieren. (Skierka, S.120) Diese Anschläge stellten ein großes Problem dar: So wurden beispielsweise Alphabetisierungshelfer, Lehrer und Arbeiter ermordet, (Castro, S.276) was natürlich zu großer Angst und Unsicherheit innerhalb der Bevölkerung führte. Außerdem wurden landwirtschaftliche Betriebe und Industrien zerstört, was enormen volkswirtschaftlichen Schaden anrichtete. (Ramonet, S.276) Hinzu kam, dass kubanische Zeitungen begannen, zu Angriffen auf die Revolution aufzurufen. (Ramonet, 275) Die kubanische Regierung reagierte auf diesen sogenannten „Schmutzigen Krieg", mit einer Radikalisierung und Militarisierung der Revolution: Auf das Verbrechen der Konterrevolution wurde die Todesstrafe ausgesetzt, (Anderson, S.370) und es kam zu einer wachsenden Willkür gegenüber Andersdenkender. (Skierka, S.119) Außerdem beschlagnahmte die Regierung bis Mai 1960 alle kritischen Zeitungen, Rundfunk- und Fernsehstationen, (Skierka, S.119), d.h. die Pressefreiheit im Land wurde beseitigt. Um die Revolution zu schützen, wurde außerdem die Zahl der regulären Truppen von 1960 bis 1961 von 100.000 auf 300.000 verdreifacht. (Skierka, S. 116) Außerdem wurden zwei „Schutztruppen" geschaffen: die Miliz, eine aus der Bevölkerung rekrutierte Einheit, die gegen konterrevolutionäre Aktionen wie Sabotageakte vorgehen sollte, sowie die sogenannten „Komites zur Verteidigung der Revolution" (CDR). Ziel dieser Organisation, die am 28. September 1960 gegründet wurde, war es offiziell, Oppositionszirkel und Saboteure aufzuspüren, (Skierka, S.117) um so die Sicherheit im Land zu erhöhen. Häufig wird kritisiert, dass mit dieser Organisation ein Bespitzelungssystem geschaffen wurde, welches vergleichbar ist mit den „Blockwartsystemen" aus faschistischen Staaten. (vgl. wikipedia Artikel: Comités de Defensa de la Revolución) So schreibt Volker Skierka über die „CDR": *„ Mit dieser Institution verwandelt der Erbe Martis (Anm: gemeint ist Fidel Castro) sein Land schließlich unter dem Druck der außenpolitischen Spannungen Zug um*

Zug in einen totalitären Überwachungsstaat und führt den freiheitlichen Ansatz der Revolution mit der Zeit ad absurdum." (Skierka, S. 117) Hierbei muss aber berücksichtigt werden, dass die „CDR" später aber auch soziale Aufgaben übernahmen, wie z.b. die Organisierung von Impfkampagnen oder Altenfürsorge. Außerdem dienten sie der politischen Diskussion und Entscheidungsfindung. (vgl. wikipedia Artikel: Comités de Defensa de la Revolución)

Den vorläufigen Höhepunkt der exilkubanisch-amerikanischen Aggression, stellte die Invasion in der Schweinebucht dar. Nachdem alle politischen Druckmittel vonseiten der USA gescheitert waren, versuchte man nun die kubanische Regierung militärisch zu stürzen. Dazu landete am 17. April 1961 eine fünfzehnhundert Mann starke Armee von Exilkubanern, organisiert, ausgebildet und ausgerüstet von der CIA, in der kubanischen Schweinebucht (Playa Girón). (Ramonet, S.732) In weniger als 72 Stunden konnte diese zurückgeschlagen werden. Dies gelang u.a. deshalb, weil die Stimmung in Kuba, anders als in Geheimdienstberichten behauptet nicht Antirevolutionär war, (vgl. wikipedia Artikel: Planung) und weil sich auch die in der Nähe lebende Bevölkerung dem Angriff widersetzte und so die regulären Streitkräfte unterstützte. (vgl. wikipedia Artikel: Scheitern) Ein weiterer wichtiger Faktor war, dass die Armee durch Lieferungen aus der Sowjetunion gut ausgerüstet war. So sagte Alexander Alexejew:[3] „Wir hatten bereits sowjetische Waffen in Playa Girón. An der Playa Girón war einer Menge sowjetischer Waffen im Spiel." (Anderson, S.428) Kuba schaffte es also die Invasion, die von Feinden durchgeführt wurde, die sich das Land zwischen 1959 und 1961 geschaffen hatte, mithilfe der im gleichen Zeitraum gewonnenen Unterstützer zurückzuschlagen.

Auf einer Großkundgebung anlässlich des 1.Mais, zwei Wochen nach dem Sieg in der Schweinebucht, rückte Fidel Castro auch erstmals von seinem Versprechen, in nächster Zeit Wahlen abzuhalten, mit den Worten ab: „Die Revolution hat keine Zeit an einen solchen Unsinn zu verschwenden." (Skierka, S.153) Auf dieser Kundgebung rief er sein Land, wie bereits erwähnt auch erstmals zum sozialistischen Staat aus. (Skierka, S.153) Kuba war ab diesem Tag also das, was es bis heute geblieben ist: eine sozialistische Diktatur.

---

[3]Alexander Alexejew war der sowjetische Leiter der Lateinamerikaabteilung des Komitees für Kulturelle Beziehungen mit Ausländischen Staaten. (Anderson, S. 351)

3. Schlussbetrachtung

Die an die Befreiung Kubas von der Diktatur Batistas geknüpften Hoffnungen erfüllten sich nur zum Teil. So führte die kubanische Revolution nicht, wie zunächst erwartet, zu Demokratie und Freiheit. Letztlich wurde nur eine Diktatur durch eine andere ausgetauscht, Zensur und Menschenrechtsverletzungen blieben. Wirtschaftlich ist die mittlerweile 50-jährige Herrschaft der inzwischen alt-eingesessenen Revolutionäre von Miss-und Mangelwirtschaft geprägt.

Andererseits bleiben die sozialen Errungenschaften der Revolution, wie die Beseitigung des Analphabetismus, die Gleichstellung der Rassen und Geschlechter und das vorbildliche Gesundheitssystem. Diese Dinge sind gerade in Lateinamerika keine Selbstverständlichkeit.

Kuba beweist damit, dass auch wirtschaftlich schwache Länder in der Lage sind soziale Missstände zu beseitigen. Damit ist die Insel, zumindest in dieser Hinsicht, Vorbild für andere Entwicklungsländer geworden.

Es bleibt zu hoffen, dass es, wenn im Laufe der nächsten Jahre die Generation der Revolutionäre abtreten wird, zu einer demokratischen Wandlung in Kuba kommt. Dies würde auch den Kuba-Kritikern aus den USA den Wind aus den Segeln nehmen und hätte damit sicherlich die Aufhebung des Wirtschaftsembargos zur Folge. Dies würde zur wirtschaftlichen Erholung des Landes beitragen, sodass dieses mithilfe der gut ausgebildeten Bevölkerung den Status eines Entwicklungslandes überwinden könnte.

Bibliographie:

Quellen Bücher:

Daniel Hitzing,   Kuba zwischen Ost und West – zur Notwendigkeit der Annäherung
Kubas an die Sowjetunion in den Jahren 1959 bis 1961, München   Grin Verlag, o.J.

Fernando Mires,   Kuba: Die Revolution ist keine Insel, Berlin   Rotbuch Verlag, 1978

Ignacio Ramonet, Fidel Castro Mein Leben, Berlin   Rotbuch Verlag, 2008

J. Lee Anderson,   Che Die Biographie, Berlin   List Verlag, 2007

Volker Skierka,   Fidel Castro Eine Biographie, Berlin   Kindler Verlag, 2001

Quellen Internet:

http://de.wikipedia.org/wiki/Invasion_in_der_Schweinebucht#Scheitern

http://de.wikipedia.org/wiki/Invasion_in_der_Schweinebucht#Planung

http://de.wikipedia.org/wiki/Comit%C3%A9s_de_Defensa_de_la_Revoluci%C3%B3n

http://www.tagesspiegel.de/politik/international/Kuba-Fidel-Castro;art123,2694254